CONSTANCE MITCHELL SE LEVANTA

ISBN impreso: 979-8-3304-9025-7
ISBN digital: 979-8-3304-9026-4

Publicado por IngramSpark

Primera edición, impresa en 2024

Esta es una obra de no ficción. Los eventos, personas y lugares descritos son reales, basados en la verdadera historia de Constance Mitchell.

Ilustrado por Shawn Dunwoody

Constance Mitchell se levanta

Por Leslie C. Youngblood con Constance MitchellJefferson,
Dr. Walter Cooper y Shane Wiegand

Ilustrado por Shawn Dunwoody

Constance Jenkins nació en New Rochelle, Nueva York, el 19 de mayo de 1928. Nadie sabía en qué importante dirigente se convertiría en Rochester, Nueva York, a 300 millas de distancia.

Su valentía inspiraría a los residentes de Rochester a defender sus derechos y contribuiría a hacer de la ciudad y el mundo un lugar mejor.

Criada por su madre y su abuela, los primeros años de la vida de Constance estuvieron llenos de mujeres fuertes y decididas que fueron sus modelos a seguir. Cuando no estaba jugando con otros niños o haciendo sus tareas, a Constance le encantaban los libros llenos de aventuras.

Poco sabía que su vida real estaría llena de giros inesperados, algunos geniales y otros aterradores.

SERVANT to Mr. JOHN
POEMS
ON
OUS SUBJECTS,
RELIGIOUS AND MORAL
BY
PHILLIS WHEATLEY,
NEGRO SERVANT to Mr. JOHN WHEATLEY,
of BOSTON, in NEW ENGLAND.
LONDON:
Printed for A. BELL, Bookseller, Aldgate; and sold by
Messrs. COX and BERRY, King-Street, BOSTON.
MDCCLXXIII.

A los 10 años, Constance volvía a
casa del colegio cuando un coche la
atropelló. Por suerte, alguien la llevó
rápidamente al hospital. Estuvo en
coma durante seis meses antes
de recuperarse totalmente.

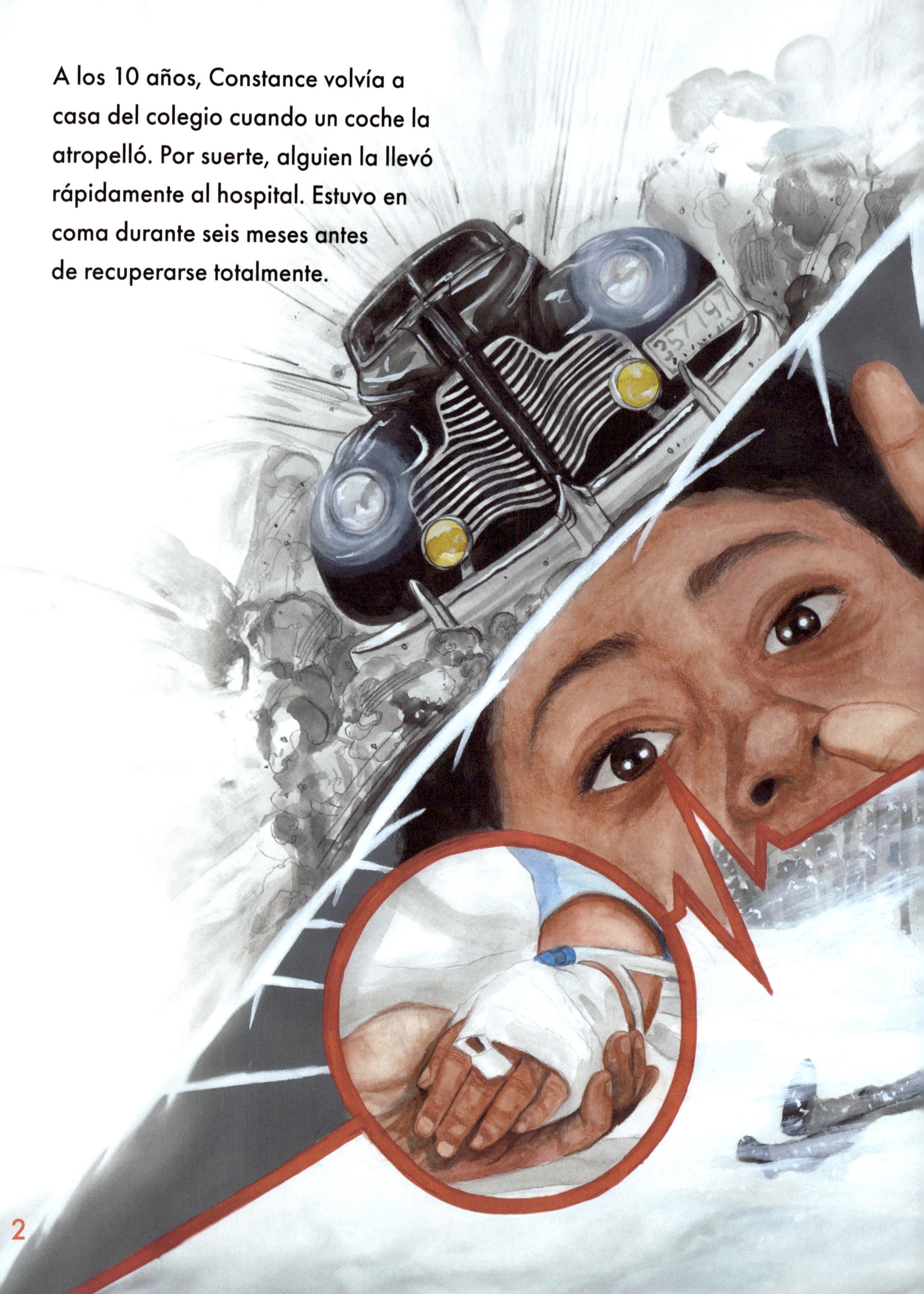

Incluso de niña, Constance sabía que ayudar a alguien necesitado era lo correcto.

Con solo 14 años, durante una tormenta de nieve, Constance vio a un hombre que se había caído. Lo arrastró hasta una iglesia local, donde pudo recibir ayuda.

"Connie es una heroína", decían los habitantes del pueblo. Sería la primera vez que la llamaran heroína, pero no sería la última vez que Constance se pusiera en pie.

Cuando Constance terminó la escuela, su familia no pudo permitirse enviarla inmediatamente a la universidad. Aprovechó este tiempo para explorar distintas habilidades; chica del champú, vendedora y secretaria fueron algunos de sus trabajos.

Nunca tuvo miedo al trabajo duro. Estos trabajos le permitían interactuar con la gente, cosa que disfrutaba.

Pero Constance también encontraba tiempo para divertirse, le encantaba bailar. Ella y sus amigas asistían a bailes en el YMCA dos veces al mes. En un baile, cuando tenía 21 años, conoció a John Mitchell.

Tras un noviazgo que incluyó
a la abuela de Constance en una
cita, Constance y John se casaron. Poco
después, en 1950, se mudaron a Rochester.

Constance pensaba que Rochester era una ciudad preciosa, pero ella y John se dieron cuenta de que había grandes problemas, sobre todo en los barrios negros. En lugar de marcharse, se quedaron y decidieron convertirlo en un lugar mejor. Los Mitchell estaban dispuestos a levantarse.

Y había otros dispuestos a ponerse manos a la obra. Constance
trabajaba como voluntaria en la Baden Street Settlement House.
Juntos, ayudaron a los niños trabajadores del campo, que no
tenían agua corriente ni espacios seguros donde vivir, a aprender
a leer. También dieron clases particulares a adultos.

Sin embargo, el acceso a la educación
era solo uno de los problemas. Constance
siempre tuvo un hogar estable. Muchos en
Rochester, y sus alrededores, no lo tuvieron.

Al crecer en New Rochelle, no estaba
acostumbrada a la separación entre
barrios negros y blancos que presenció
en Rochester. Era un problema porque los
barrios negros estaban superpoblados.

WELCOME
CHESTER

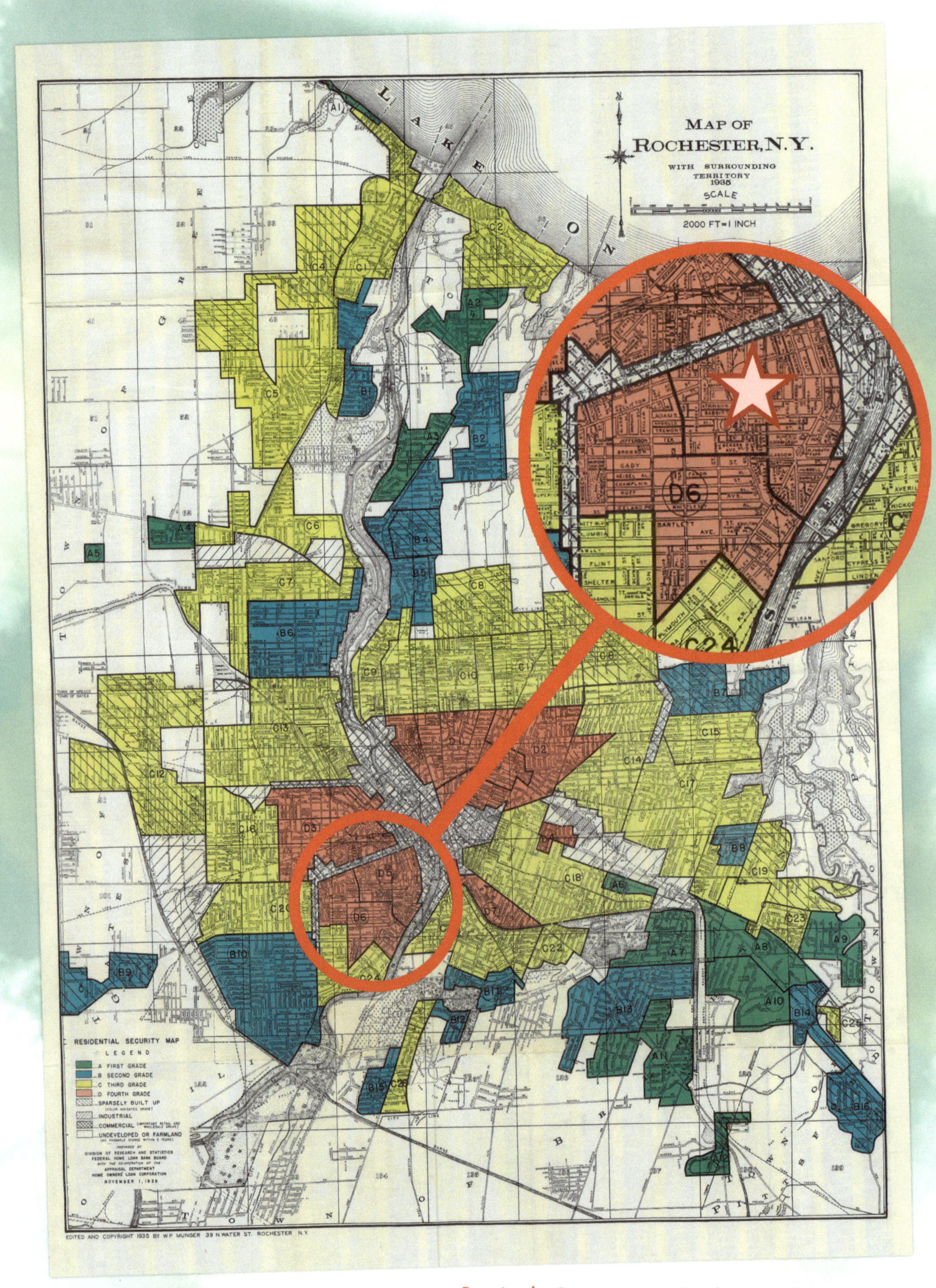

Barrio de Constance en Rochester, NY

Un día, Constance le dijo a John,

"Los funcionarios municipales, los agentes inmobiliarios y los banqueros solo permiten a los negros vivir en dos barrios. Eso es redlining".

John estuvo de acuerdo, y se comprometieron a hacer algo al respecto.

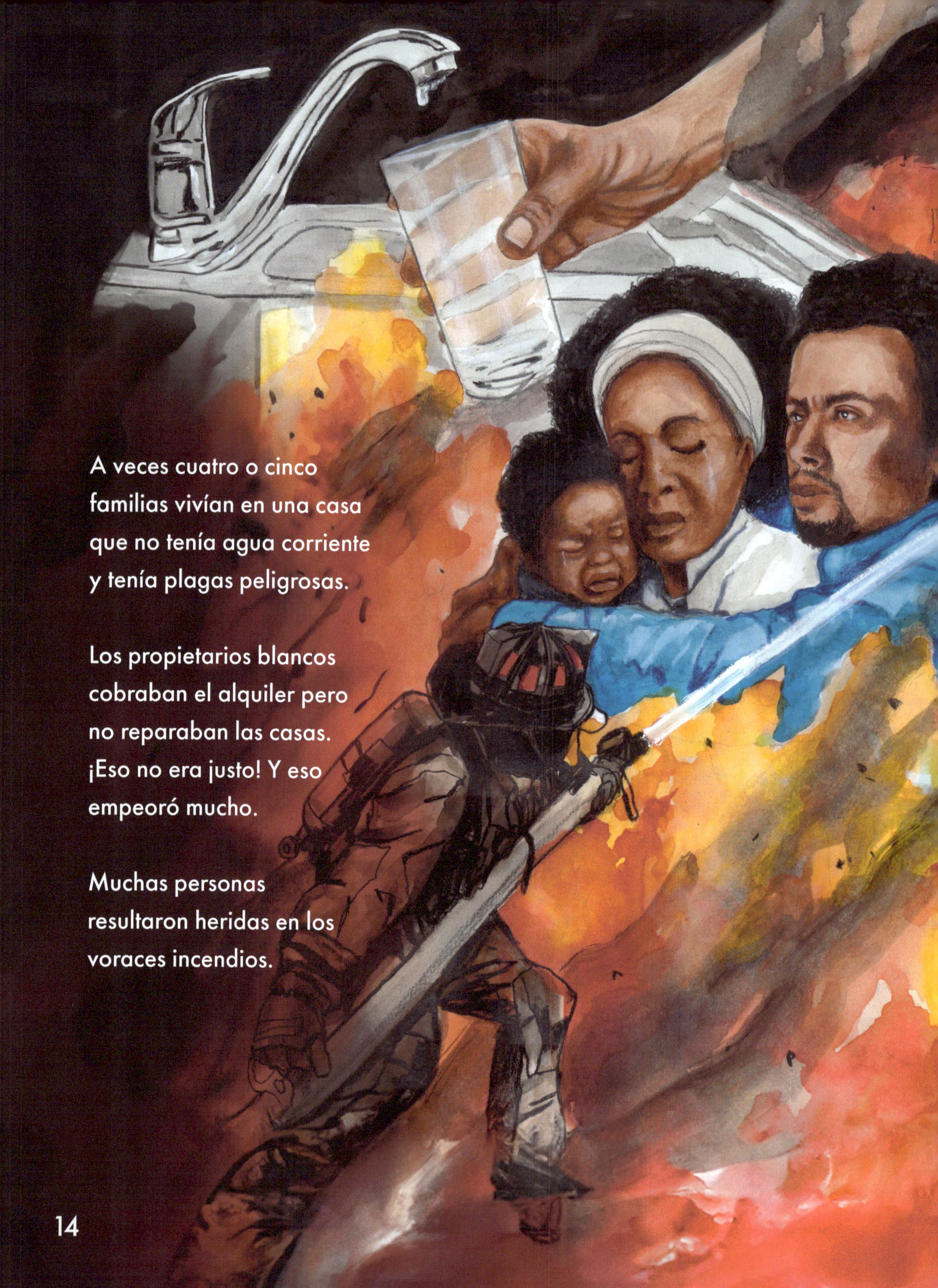

A veces cuatro o cinco
familias vivían en una casa
que no tenía agua corriente
y tenía plagas peligrosas.

Los propietarios blancos
cobraban el alquiler pero
no reparaban las casas.
¡Eso no era justo! Y eso
empeoró mucho.

Muchas personas
resultaron heridas en los
voraces incendios.

Incluso cuando Constance estaba triste, **¡se levantaba!**

Convirtió esa tristeza en acción. Junto con otros líderes de la comunidad, escribió cartas al periódico local.

Constance quería que toda la ciudad supiera lo que estaba pasando en su barrio.

No quería los propietarios de las viviendas se salieran con la suya con tan mal trato de los negros.

Pero había alguien a cargo del barrio de Constance a quien no le importaban los negros: un hombre blanco llamado Lester Peck. "Las personas, no las casas, hacen los barrios marginales", decía Lester Peck. Incluso echó la culpa de los incendios y de las malas condiciones de las viviendas a los negros.

Eso es racista. ¡No podemos dejar que este Peck siga al mando! Tiene que irse",

dijo Constance a sus amigos, entre los que ahora había miembros de un club de acción social. Todas estaban de acuerdo, pero tenían demasiado miedo para desafiar a Peck. Como eran negros, podían perder su trabajo. Constance se armó de valor y se levantó.

Constance Mitchell tenía miedo, pero sabía que tenía que
levantarse y luchar por la gente que merecía algo mejor. En 1959,
con el aliento de sus amigos y el apoyo de su marido, Constance
se presentó a las elecciones para Supervisora del Tercer Distrito,
el barrio donde vivía. Lo hizo lo mejor que pudo, pero perdió.

Perder no significaba que no volviera a intentarlo. Incluso
tenía a alguien más por quien luchar: su hija. Quería que
la pequeña Connie tuviera el mejor futuro posible. A veces,
cuando Constance tocaba puertas, llevaba a su hija con ella.

ELECT
CONSTANCE MITCHELL
DEMOCRATIC CANDIDATE
FOR
SUPERVISOR 3rd WARD
VOTE ROW "B"

Constance tenía una forma mágica
de atraer a la gente. Sobre todo, se
esforzaba por ganarse la confianza de
sus vecinos. Traía la jarra de café, una lata
de leche y una bolsa de azúcar, y decía,

"Mientras tengamos una taza, estamos listos".

A veces no tenían la taza,
pero juntos, siempre
encontraban la manera de
hacer que funcionara.

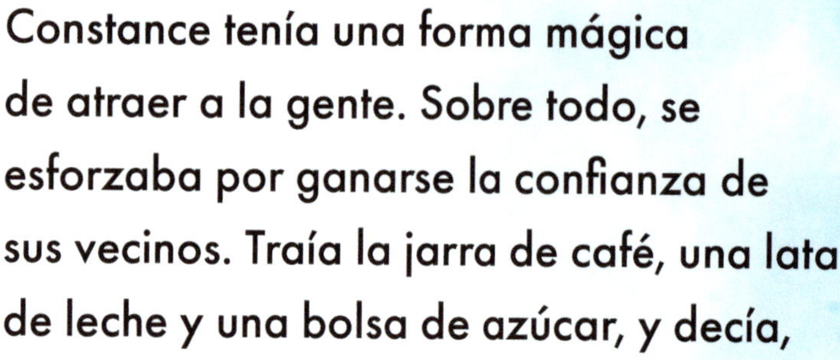

¡Ganó las siguientes elecciones!

STOP
BRUTAL
ALABA
We Demand
THE R
We Demand
THE RIGHT
TO VOTE
VERY-
WHERE

El impacto de Constance fue importante
en Rochester y en cualquier lugar donde
la gente luchara por sus derechos.

Uno de esos lugares era Selma, Alabama,
a más de mil kilómetros de Rochester. En
1965, John y Constance Mitchell viajaron
a Selma para marchar con el Dr. Martin
Luther King, Jr., varios otros líderes de los
derechos civiles y un mar de gente común
y corriente que querían el derecho al voto
para todos los negros. El viaje a Selma le
dio ganas de volver a Rochester y hacer
aún más para ayudar a su comunidad.

Cuando los Mitchell regresaron, su casa se convirtió en punto de encuentro de líderes comunitarios y mundiales.

Uno de los visitantes más reconocidos fue Malcolm X, que cumplía años el mismo día que Constance. Hablaron sobre cómo ayudar a los negros.

Constance quería que Rochester se convirtiera en una ciudad donde los negros tuvieran las mismas oportunidades que los blancos. En 1994, ayudó a que fuera elegido el primer alcalde negro de Rochester, William (Bill) A. Johnson, Jr.

Constance Mitchell, en una entrevista periodística, dijo:

""Hemos avanzado mucho en la lucha contra el racismo, por aún nos queda mucho por hacer".

Tras una vida de servicio al mundo, especialmente a Rochester, Constance Mitchell murió a los 90 años.

La mejor forma de mantener viva la memoria de Constance Mitchell es que cada residente haga todo lo que pueda para contribuir a hacer de Rochester un lugar mejor. ¿Estás dispuesto a hacer lo que puedas?

¿QUÉ VAS A DEFENDER?

Más información sobre Constance Mitchell

Trabajara donde trabajara o ayudara a quien ayudara, Constance nunca dejó de defender lo que era justo.

En 2017, Constance Mitchell recibió la Medalla Frederick Douglass al Compromiso Cívico Destacado por oponerse al racismo y luchar por unas mejores condiciones de vivienda en Rochester.

Su hija, ahora Constance Mitchell Jefferson, a quien Constance había llevado consigo por toda la comunidad, estaba allí para presenciar el logro de Constance.

La hija de Constance quiere que los lectores sepan que su madre tenía sentido del humor. Cuando se relajaba en casa, una de sus comidas favoritas era pasta, y a veces pizza al estilo de Brooklyn. Una de sus citas favoritas fue: "Bien. Mejor. Lo mejor. Nunca te detengas hasta que tu bien sea mejor que lo mejor de ti". Así vivió su vida.

Medalla Frederick Douglass